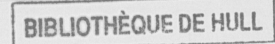

Frank Le Gall

LES AVENTURES DE THEODORE POUSSIN

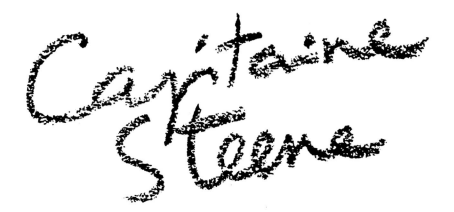

Capitaine Steene

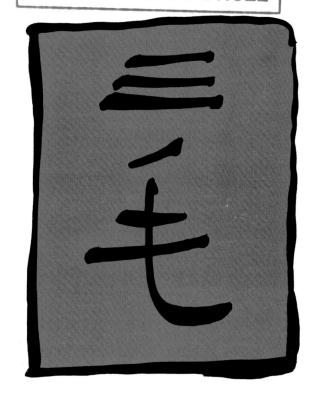

DUPUIS

DUNKERQUE, LE 3 DÉCEMBRE 1927

CHARGEURS
MARITIMES

DAKAR, BUENOS-AIRES, SHANGHAÏ... AUTANT DE NOMS MAGIQUES QUI FONT NAÎTRE DANS L'ESPRIT DU JEUNE SÉDENTAIRE UNE CURIOSITÉ, UN DÉSIR DE CONNAÎTRE FORT LÉGITIMES... ET QUAND CES NOMS, ET BEAUCOUP D'AUTRES, SE PRÉSENTENT JOURNELLEMENT À SES YEUX, QUAND IL LES ÉCRIT À RÉPÉTITION SUR DES CONNAISSEMENTS ET DES MANIFESTES, PARCE QUE LE HASARD L'A PLACÉ DANS LE BUREAU DE FRET D'UNE GRANDE COMPAGNIE DE NAVIGATION, ALORS CE DÉSIR DEVIENT IRRÉSISTIBLE !

RIIIIINNN

3

OUI... OUI... BIEN. JE VIENS TOUT DE SUITE, MONSIEUR SÉNARD...

L'ENVIE DE VOYAGER ME TENAIT À UN POINT TEL QUE JE M'EN ÉTAIS OUVERT UNE FOIS À MON SUPÉRIEUR DIRECT, MONSIEUR SÉNARD...

...ET QUE CELUI-CI EÛT ÉTÉ BLÂMABLE DE M'ENTRETENIR DÈS LORS ET CHAQUE JOUR, TANT DES CHARMES DE LA NAVIGATION QUE DES BEAUTÉS DE LA BAIE D'ALONG...

SOUPIR...

POOON

...SI, DANS LE MÊME TEMPS, IL N'AVAIT OEUVRÉ À PERSUADER LA COMPAGNIE DE L'UTILITÉ, POUR LE SERVICE ET POUR MA FORMATION, D'UN TEL VOYAGE...

POOOOON

C'EST POURQUOI, QUAND CE JOUR DE DÉCEMBRE 27, IL M'ANNONÇA QUE J'EMBARQUAIS LE 2 JANVIER SUR LE "CAP PADARAN" À DESTINATION DE L'INDOCHINE, JE NE SAURAIS DIRE QUI, DE LUI OU DE MOI, ÉTAIT LE PLUS JOYEUX...

NOUS SOMMES À PEU PRÈS DE LA MÊME TAILLE, ET CELA VOUS ÉVITERA D'EN ACHETER...

MONSIEUR SÉNARD !! JE NE SAURAI JAMAIS ASSEZ VOUS EXPRIMER MA GRATITUDE !!

AH !... ET N'ACHETEZ PAS DE "BLANCS"⊛ J'AI DÉJÀ DIT À MA FEMME DE TENIR LES MIENS EN ÉTAT...

MERCI, MONSIEUR SÉNARD MERCI !

CLAC !

DZZZZIIN

OH PARDON !!...

4 ⊛ VÊTEMENTS BLANCS QU'ON PORTAIT DANS LES COLONIES.

JE DEVAIS CE SOIR-LÀ RETROUVER MES AMIS ACQUIN ET DENNI...

CELA NOUS ARRIVAIT DEUX OU TROIS FOIS PAR SEMAINE. ON BATTAIT UN PEU LA SEMELLE LE LONG DES GRANDES ARTÈRES DUNKERQUOISES...

LE VOICI ! THÉO ! HÉ ! THÉO !

MES AMIS !! GRANDE NOUVELLE !!.....
JE PARS !
L'INDOCHINE ! SAÏGON !.....

NON ?!

TU PARS ?!

NOUS FINISSIONS PAR UNE SÉANCE DE RECUEILLEMENT DANS LE BISTROT DE LA RUE ALEXANDRE III , OÙ L'ON SERVAIT, SELON NOS COMPÉTENCES, LE MEILLEUR DES VINS D'ANJOU...

BUVONS À L'ÉVÈNEMENT !!

À THÉO !

À L'INDOCHINE...

AUX CHARGEURS MARITIMES !!

PARDONNEZ CETTE INTRUSION, MESSIEURS, MAIS J'AI PERÇU, SANS LE VOULOIR QUELQUES BRIBES DE VOTRE CONVERSATION...

?!

MONSIEUR..?

JE VOUDRAIS SIMPLEMENT VOUS CITER CES VERS, MAGNIFIQUES ENTRE TOUS, DE CHARLES BAUDELAIRE..

C'EST FORT AIMABLE À VOUS !

"AMER SAVOIR, CELUI QU'ON TIRE DU VOYAGE ! LE MONDE, MONOTONE ET PETIT, AUJOURD'HUI, HIER, DEMAIN, TOUJOURS, NOUS FAIT VOIR NOTRE IMAGE UNE OASIS D'HORREUR DANS UN DÉSERT D'ENNUI."

VOILÀ. C'EST TRÈS BIEN. MERCI ! ET BONSOIR . BONSOIR !

JE M'APPELLE NOVEMBRE.. NOUS NOUS REVERRONS BIENTÔT...BONSOIR, MESSIEURS

OH OH ! VOUS AVEZ VU ÇA ?! COMME RABAT-JOIE, ON NE FAIT PAS MIEUX !!

QUEL TYPE SINISTRE !

3

5

EH BIEN THÉO ?...TU NE DIS PLUS RIEN !!... NE ME DIS PAS QUE CE VIEUX SIPHONNÉ T'A IMPRESSIONNÉ À CE POINT ?!...

QUEL IMBÉCILE ! PENSE À SAÏGON ! PENSE À TON VOYAGE !

"AMEEEEEEEER SAVOIR, CELUI QU'ON TIRE DU VOYAAAAGE!!"

"UN VIEUX FOU, TOUT À L'HEURE NOUS L'A DIT SANS EMBAAAAGÉS.."

OH OH ! MA PAROLE !! DENNI FAIT DES VERS ! TU ENTENDS ÇA, THÉO ?!

J'AVAIS UN BARRAGE PLUS DIFFICILE À FRANCHIR : CELUI DE "MES FEMMES"... ET JE PARCOURUS D'AUTANT PLUS VITE LE CHEMIN QUI ME SÉPARAIT DE ROSENDAËL QUE JE RÉCITAIS SANS DÉSEMPARER LA LISTE DES NOMS MAGIQUES QUI AGRÉMENTAIENT MES RÊVES : CEYLAN, SINGAPOUR, HAÏPHONG...

JOSEPH CONRAD

COMME JE L'AVAIS PRÉVU, LA NOUVELLE FUT ACCUEILLIE À LA MAISON AVEC UNE GRANDE TRISTESSE...

THÉO !!

TON PÈRE N'AURAIT PAS AIMÉ QUE TU JOUES AVEC SON UNIFORME !

CAMILLE, QUI ÉTAIT FIANCÉE, AVAIT LA CONSOLATION DE PENSER QU'ELLE ALLAIT ANNONCER LA NOUVELLE DANS SA LETTRE DU LEN-DEMAIN À FERNAND...

MA MÈRE PRIT SUR ELLE DE REFOULER SA DÉCEPTION...

MAIS MA GRAND-MÈRE, ELLE, FONDIT EN LARMES...

4

JE N'AI NOTÉ QU'UN SEUL FAIT QUI AIT MARQUÉ LES DERNIERS JOURS DE 27...

C'ÉTAIT UNE ENTREPRISE À BUT ÉCONOMIQUE...

MADEMOISELLE, MONSIEUR, BONJOUR...

IL FALLAIT, DE LA VESTE D'UNIFORME EN DRAP BLEU DE MON PÈRE, FAIRE POUR MOI QUELQUE CHOSE QUI RESSEMBLÂT À UNE AUTRE VESTE...

...COMPTE TENU DE CE QUE MON PÈRE, QUI ÉTAIT PLUS PETIT QUE MOI, PESAIT ENVIRON TRENTE KILOS DE PLUS...

UN TAILLEUR DE 3ᵉ ZONE — QUI D'AUTRE EN EÛT VOULU ? — FUT CHARGÉ DE L'OPÉRATION. MAIS MALGRÉ SA BONNE VOLONTÉ, JE ME SENTAIS BIEN MAL FICELÉ LÀ-DEDANS !

CE 2 JANVIER 1928 ARRIVE ENFIN ! LE "CAP PADARAN", MIXTE⊙ DE MOYEN TONNAGE, APPAREILLE À SIX HEURES, PAR UNE TEMPÉRATURE GLACIALE...

⊙MIXTE : C'EST-À-DIRE À LA FOIS PAQUEBOT ET CARGO.

JE VAIS PARTIR POUR LA PREMIÈRE FOIS DE MA VIE ET POUR UN LONG VOYAGE

AU REVOIR À VOUS, ET MERCI DE M'AVOIR APPORTÉ EN GAGE D'AFFECTION QUELQUES HEURES DE VOTRE SOMMEIL...

MERCI AUSSI D'AVOIR, POUR MOI, VAINCU VOTRE SAINTE FROUSSE DE TRAVERSER DANS LA NUIT LE SQUARE AUX RÔDEURS, SINON AUX FANTÔMES...

AU REVOIR!...

JE SALUE EN PASSANT LE VIEUX LEUGENAAR, LE BEFFROI, LES CLOCHERS FLA-MANDS. JE SALUE LA CITÉ DE JEAN BART. EN VOUS QUITTANT, JE VOUS LAISSE BEAUCOUP DE MOI...

JE RESTE UN LONG MOMENT APPUYÉ AU BASTINGAGE, MON ENTHOUSIASME TOMBÉ, ESSAYANT DE DEVINER DANS LE FLUX ET LE REFLUX DES VAGUES CE QUE M'APPORTERA EN DÉFINITIVE CETTE IMPORTANTE TRANCHE DE MA VIE...,

MONSIEUR POUSSIN?

JE ME PRÉSENTE : AUGUSTIN POISSON. JE SUIS LE SECOND CAPITAINE À BORD... JE REMPLIS ÉGALEMENT L'OFFICE DE COMMISSAIRE ; MONSIEUR GAUSS N'EMBARQUE QU'À MARSEILLE, JUSTE AVANT LES PASSAGERS...

CAPITAINE POISSON !... LE PRÉDESTINÉ ! C'EST LUI QUI S'OFFRIRA SANS DOUTE EN HOLOCAUSTE EN CAS DE FAMINE À BORD... !

RAVI DE VOUS ACCUEILLIR À BORD...

ENCHANTÉ, CAPITAINE...

TAP TAP

VENEZ, JE VAIS VOUS MONTRER VOTRE CABINE. VOUS ALLEZ POUVOIR Y DÉPOSER VOS EFFETS...

MA CABINE EST SITUÉE À TRIBORD, SUR LE PONT SUPÉRIEUR, DIT "DES EMBARCATIONS"... BIEN QU'EXIGUË, ELLE EST ACCUEILLANTE, FLEURANT BON LE RIPOLIN IMMACULÉ ET CETTE ODEUR DE MER SI CARACTÉRISTIQUE, SI EXCITANTE...

J'AI PENSÉ À FAIRE INSTALLER VOTRE BUREAU AU MÊME ÉTAGE, MAIS À BÂBORD... VOUS AUREZ TOUT LE LOISIR DE LE DÉCOUVRIR DANS LA JOURNÉE. VENEZ...

JE VOUS EMMÈNE AU CARRÉ DES OFFICIERS...VOUS DEVEZ FAIRE LA CONNAISSANCE DE CES MESSIEURS...

D'ICI NOTRE ARRIVÉE À MARSEILLE, VOTRE TÂCHE PORTE ESSENTIELLEMENT SUR LES MARCHANDISES. IL CONVIENT AVANT TOUT DE VÉRIFIER LEUR BON EMBARQUEMENT...

MAIS NOUS REPARLERONS DE TOUT CELA PLUS TARD...

MESSIEURS, JE VOUS PRÉSENTE MONSIEUR POUSSIN, NOTRE ÉLÈVE-COMMISSAIRE...

LES JOURS PASSENT...

HOULALA !...

HÉ HÉ...BELLE JOURNÉE CAPITAINE...

MONSIEUR POUSSIN, JE VOUS EMMÈNE À L'OFFICE POUR PRENDRE UN THÉ BIEN CHAUD...

MONSIEUR POUSSIN, LE COMMANDANT M'A FAIT SAVOIR QUE VOTRE RÔLE NE DEVAIT PAS SE LIMITER AU TRAVAIL DU COMMISSARIAT, ET QU'IL Y A LIEU DE VOUS MONTRER LE PLUS DE CHOSES POSSIBLE...

EN CONSÉQUENCE, CARTE BLANCHE VOUS EST LAISSÉE POUR CIRCULER À BORD À VOTRE AISE...

JE N'ABUSERAI PAS DE CETTE AUTORISATION, CAPITAINE

CUISINES

ASSEYEZ-VOUS...UNE TASSE DE THÉ ?...

AVEC PLAISIR, CAPITAINE...

ALORS ? VOUS VOUS FAITES À LA VIE DE MARIN ? VOS COMPAGNONS VOUS PARAISSENT-ILS SYMPATHIQUES ?

MA FOI, J'AI BIEN LE TEMPS DE ME FAIRE UNE OPINION...

C'EST JUSTE...VOUS ÊTES ISSU D'UNE FAMILLE DE MARINS, JE CROIS ?

MON PÈRE COMMANDAIT UN REMORQUEUR À DUNKERQUE. QUANT À MON ONCLE, IL EST PARTI TOUT JEUNE DE FRANCE. IL A NAVIGUÉ LONGTEMPS SUR LA CÔTE DE CHINE ...

8

ET PUIS, IL EST DEVENU PILOTE À HAÏPHONG. IL Y EST MORT EN 16, IL PARAÎT QU'IL EST ENTERRÉ LÀ-BAS. J'AI PROMIS À MA MÈRE DE RETROUVER SA TOMBE ET DE M'Y RECUEILLIR, AU NOM DE TOUS LES MIENS ...

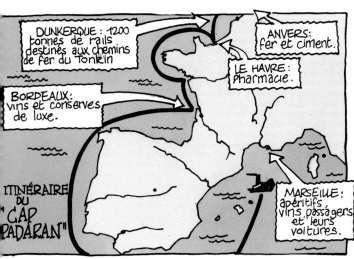

DUNKERQUE : 1200 tonnes de rails destinés aux chemins de fer du Tonkin

ANVERS : fer et ciment.

LE HAVRE : pharmacie.

BORDEAUX : vins et conserves de luxe.

MARSEILLE : apéritifs, vins, passagers et leurs voitures.

ITINÉRAIRE DU "CAP PADARAN"

LUNDI 17 JANVIER. MIDI. VITESSE : 5 À 6 NOEUDS EN RAISON DU MISTRAL.

J'APERÇOIS NOTRE-DAME DE LA GARDE, COMMANDANT.

MARSEILLE.

NOUS AVONS UN PEU DE TEMPS DEVANT NOUS, JE VAIS VOUS FAIRE VISITER LA VILLE : LA CANEBIÈRE, LE COURS BELSUNCE...

LA RUE FÉRÉOL, LA CORNICHE, LE PRADO, LE VIEUX-PORT, SI PITTORESQUE, LE...

GRATI GRATI

VERS 16 HEURES, LE TRAVAIL COMMENCE...

VOUS ÊTES DE LA POLICE, HÉ ?

NON. J'APPARTIENS À LA COMPAGNIE.

AH ?...

DU SERVICE DES DOUANES, ALORS ?...

NON PLUS. ET VOUS, VOUS ÊTES BIEN L'AGENT DES QUAIS ?

MOI ? JE... EUH, JE... C'EST EXACT, MONSIEUR...

EH BIEN, VEILLEZ À FAIRE UN PEU MIEUX VOTRE TRAVAIL, AU LIEU DE VOUS MÊLER DE TOUT !

TÉ ! JE SAVAIS BIEN QU'IL ÉTAIT DE LA POLICE !...

9

11

COMMANDANT, VOICI LES MANIFESTES DES MARCHANDISES ET LA LISTE DES **PASSAGERS**...

BIEN, MONSIEUR POUSSIN. AH ! JE VOUS PRÉSENTE MONSIEUR GAUSS, NOTRE COMMISSAIRE DE BORD.

ENCHANTÉ, MONSIEUR...

ON M'A DIT LE PLUS GRAND BIEN DE VOTRE TRAVAIL. D'AILLEURS, DU FAIT DE MA PRÉSENCE À BORD, CELUI-CI VA SE TROUVER CONSIDÉRABLEMENT ALLÉGÉ...

EN REVANCHE, MONSIEUR POUSSIN S'EST OFFERT DE S'OCCUPER DE LA BIBLIOTHÈQUE ET DE LA DIFFUSION DES INFORMATIONS DE PRESSE...

JE N'Y VOIS PAS D'INCONVÉNIENT.

PPOOOOON

VOUS L'AVEZ VU, GAUSS ? VOILÀ UN HOMME QUI TIRE SUR LE BAMBOU !...

LE BAMBOU ?

L'OPIUM, QUOI !! NOTEZ BIEN QU'IL N'EST PAS LE SEUL !... ET PUIS LE DOCTEUR MAUPUY A DÉCIDÉ UNE FOIS POUR TOUTES D'EN PRENDRE À BORD. IL A DÉCRÉTÉ QUE C'ÉTAIT UN EXCELLENT REMÈDE !!

IL DIT TOUJOURS QU'AVEC UN PEU D'OPIUM ET DU RUDYARD KIPLING, ON PEUT ALLER JUSQU'EN ENFER... !!

IL DIT ÇA... ?

OUI. EH BIEN, QU'IL Y AILLE, EN ENFER, N'EST-CE PAS ?...

NON MAIS, REGARDEZ-MOI ÇA ! S'ILS OSAIENT, ILS S'EMPARERAIENT DE LA PASSERELLE DE COMMANDEMENT !!...

AVANT ZÉRO... LA BARRE 25 À DROITE... LARGUEZ DEVANT...

AVANT ZÉRO. TRANSMIS.

POOOON

MERCREDI 26 JANVIER. À 3 HEURES DU MATIN, NOUS MOUILLONS DEVANT PORT-SAÏD...

VOICI LES OFFICIELS DU SERVICE SANITAIRE...

PLACEZ L'ÉCHELLE DE COUPÉE !...

BIEN LIEUTENANT !

ILS DOIVENT VISER LA PATENTE DE SANTÉ...

ON CROIRAIT LA SIGNATURE D'UN TRAITÉ DE PAIX EN PLEINE MER...

MERCI, DOCTEUR...

CE LE CORFEC, SECOND LIEUTENANT, ON NE LE VOIT PAS BEAUCOUP SUR LE PONT...

IL SE PRÉPARE À PASSER LE DERNIER EXAMEN DE CAPITAINE AU LONG COURS. IL N'A PAS DE TEMPS À CONSACRER AUX CONVERSATIONS OISEUSES DU CARRÉ...

VISITE DE PORT-SAÏD, SAHIB, UN SHILLING ! UN SHILLING POUR LA VISITE !

LADIES ET GENTLEMEN, PORT-SAÏD BY NIGHT !

COLLIER POUR MADAME !

MONSIEUR POISSON M'A APPRIS QUE VOUS ÉTIEZ LE NEVEU DU CAPITAINE STEENE...

C'EST EXACT, OUI... MAIS... C'EST ÉTRANGE... JE NE PEN- SAIS PAS AVOIR...

... MENTIONNÉ SON NOM ?... MONSIEUR POUSSIN, EN INDOCHINE, LE CAPITAINE STEENE EST UN PERSONNAGE DE LÉGENDE... UNE FIGURE DE LA MARINE...

11

VOUS-MÊME... VOUS L'AVEZ CONNU ?...

13

IL A ÉTÉ L'AMI DE TOUTE MA JEUNESSE... NOUS PARTAGIONS TOUT, ET CEPENDANT, IL AVAIT TOUJOURS PLUS QUE MOI... IL LUI FALLAIT NÉCESSAIREMENT DOMINER...

IL POUVAIT ÊTRE SI FASCINANT, PAR INSTANTS, ET A D'AUTRES SI RÉPUGNANT ! C'ÉTAIT VRAIMENT CURIEUX...

VOUS EN PARLEZ DE FAÇON... EUH...

SINCÈRE. STEENE ÉTAIT UN MONSTRE IL REGARDAIT LA VIE COMME UN COMBAT FÉROCE DUQUEL, D'UNE FAÇON OU D'UNE AUTRE, IL COMPTAIT SORTIR VAINQUEUR...

MAIS IL SEMBLE QU'IL AIT FINI PAR PERDRE CE COMBAT-LÀ, ET C'EST TANT MIEUX...

VOUS LE DÉTESTIEZ ...

HÉLAS NON... POUR MON MALHEUR, J'EN ÉTAIS BIEN INCAPABLE...

INCAPABLE... BONNE NUIT, MONSIEUR POUSSIN...

BONNE NUIT COMMANDANT..

VISITE DE PORT-SAÏD...

UN SHILLING POUR LA VISITE...

28 JANVIER. NOUS ENTRONS DANS LA MER ROUGE...

TIENS ! VOUS ÊTES LÀ, MONSIEUR POUSSIN ?... REPLI STRATÉGIQUE ? LES CONVERSATIONS DU CARRÉ VOUS ENNUIENT ?...

ET VOUS ?...

OH, MOI, JE LES CONNAIS DÉJÀ... VOUS PERMETTEZ ?...

JE VOUS EN PRIE...

L'AUTRE SOIR, À PORT-SAÏD, LE COMMANDANT M'A PARLÉ DU CAPITAINE STEENE... J'IGNORAIS QU'IL L'AVAIT CONNU...

NOUS L'AVONS TOUS CONNU... UNE NUIT, IL Y AVAIT UN ORAGE EFFROYABLE, NOUS NAVIGUIONS À LA CAPE. STEENE S'EST MIS À DÉCLAMER DU BAUDELAIRE, OU JE NE SAIS QUOI... NOUS NOUS SOUVIEN-DRONS TOUJOURS DE ÇA...

"AMER SAVOIR, CELUI QU'ON TIRE DU VOYAGE"...

VOUS CONNAISSEZ BAUDELAIRE ?

PAS PERSONNELLEMENT...

C'ÉTAIT PRESQUE DEVENU UNE LÉGENDE À L'ÉPOQUE... VOUS SAVEZ, JE NE SUIS PAS AU FAIT DE CE QUI S'EST PASSÉ ENTRE STEENE ET LE PACHA, ET D'AILLEURS, JE NE TIENS PAS À LE SAVOIR... MAIS FRANCHEMENT, JE PENSE QU'IL DEVRAIT OUBLIER LA HAINE QU'IL ÉPROUVE ENVERS LUI...

C'EST COMME UN POISON QUI LE RONGERAIT LENTEMENT... STEENE AVAIT LE DON DE TOUT BRISER AUTOUR DE LUI...

C'EST ÉTRANGE... CE CAPITAINE QUE JE N'AI CONNU QU'À TRAVERS LES YEUX DE MA MÈRE... IL ÉTAIT DIFFÉRENT, PRESQUE ANODIN... VOUS SAVEZ DE QUOI IL EST MORT ?...

EN 16 ?... NON... ON A DIT QU'IL ÉTAIT MORT... JE SAIS QU'IL A ÉTÉ DÉGRADÉ, ET CONDAMNÉ PAR LA FRANCE À VINGT ANS DE BAGNE... C'EST TOUT. UN HOMME COMME LE CAPITAINE STEENE NE MEURT PAS, MONSIEUR POUSSIN...

C'EST, DU MOINS, MON OPINION...

13

15

C-CAPITAINE! CAPITAINE!

PRAT! EH BIEN, MON VIEUX QUE SE PASSE-T-IL?!...

EUH...

C-CLANDESTIN À B-B-BORD, C-CAPITAINE!! DANS LES S-S-SOLITES! J'AI VU QUELQU'UN!! S-S-SÛR!!

DU CALME. ALLONS VOIR ÇA. VENEZ, POUSSIN. VOUS ÊTES ARMÉ?

QUI? MOI? NON, NON, N'AYEZ AUCUNE CRAINTE...

C'EST PAR ICI!... BON DIEU, J'AI EU UNE DE CES FROUSSES!

SÉPARONS-NOUS, NOUS AURONS DAVANTAGE DE CHANCES DE L'ÉPINGLER...

ET SI JE LUI TOMBE DESSUS, QU'EST-CE QUE JE FAIS?...

IL N'Y A QUE MOI, MONSIEUR POUSSIN...

VOUS

CRRiiiiiccc

?!

IL...IL Y A QUELQU'UN?

MONSIEUR NOVEMBRE... JE VOUS AVAIS DIT QU'ON SE REVERRAIT...

TENEZ-VOUS TRANQUILLE!

JE ME TIENS TRANQUILLE...

EUH... C'EST BON. PASSEZ DEVANT.

VOUS L'AVEZ ?

OUI... MONSIEUR VOYAGE AINSI AUX FRAIS DE LA COMPAGNIE DEPUIS DUNKERQUE...

VOUS VOULIEZ VOUS RENDRE EN INDOCHINE ? POURQUOI ?

POURQUOI PAS ? ET PUIS, L'INDOCHINE, L'AFRIQUE, LE BRÉSIL... QUELLE IMPORTANCE ? LES VOYAGES FORMENT LA JEUNESSE N'EST-CE PAS ?

NE FAITES PAS ATTENTION ; J'AFFECTIONNE LES CITATIONS...

C'EST PARFAIT. SINGAPOUR ÉTANT NOTRE PROCHAIN PORT D'ESCALE, NOUS VOUS REMETTRONS ENTRE LES MAINS DU CONSUL DE FRANCE. VOUS SEREZ SANS DOUTE RENVOYÉ EN FRANCE À VOS FRAIS SUR LE PREMIER NAVIRE EN PARTANCE.

TROP AIMABLE...

VOILÀ... ICI VOUS N'IMPORTUNEREZ PERSONNE !

3 FÉVRIER. 11 HEURES...

MONSIEUR POUSSIN, REGARDEZ... CETTE BANDE DE TERRE, AU LOIN, C'EST GUARDAFUI.

ON RACONTE SUR CET ENDROIT LES HISTOIRES LES PLUS TERRIFIANTES... ON DIT NOTAMMENT QUE DES PEUPLADES D'ANTHROPOPHAGES Y HABITAIENT, IL Y A ENCORE PEU D'ANNÉES...

ON CITE LE CAS D'UNE UNITÉ DE MESSAGERS MARITIMES OBLIGÉS DE S'ÉCHOUER SUR CETTE CÔTE ET QUI DURENT Y SUBIR UN PILLAGE COMPLET.

VRAIMENT ?

15

IL EST TEMPS QUE JE PRENNE MON QUART... JE VOUS RETROUVE AU CARRÉ, MONSIEUR POUSSIN ?

AVEC PLAISIR... JE DOIS D'ABORD PORTER SON REPAS À NOTRE PASSAGER CLANDESTIN...

13. FÉVRIER. NOUS PÉNÉTRONS DANS L'ÉQUATEUR. NOUS SOMMES GRATIFIÉS DE PLUIES TORRENTIELLES. L'ATMOSPHÈRE EST LOURDE, LA DOUCHE BIQUOTIDIENNE ET LA SIESTE DE RIGUEUR.

QUI ÊTES-VOUS ?

LE MARIN QUE TU CHERCHES...

VENEZ, MON GARÇON... PAR ICI... APPROCHEZ...

QUE CHERCHEZ-VOUS AVEC AUTANT D'ACHARNEMENT ? QUE PENSEZ-VOUS DÉCOUVRIR ?

POURQUOI NOUS FAIRE SOUFFRIR ?

POURQUOI CHERCHER À SAVOIR CE QUI S'EST PASSÉ À HAÏPHONG EN 1916 ?

QUI S'INTÉRESSE À LA MORT D'UN MARIN ?

MESSEIGNEURS, NOUS PLAIDONS COUPABLE !

17

ÇA VA MONSIEUR ?

JE VOUS AI ENTENDU HURLER, ALORS...

UN CAU- CHEMAR ! UN AFFREUX CAUCHEMAR.

VOUS N'AVEZ PAS L'AIR BIEN... VOUS DEVRIEZ PEUT-ÊTRE VOIR LE DOCTEUR, MONSIEUR'...

NON, NON, MERCI, D'AILLEURS, ÇA VA DÉJÀ MIEUX...

JE **DOIS** SAVOIR...

MONSIEUR NOVEMBRE !!... **QUI** EST LE BLANC ?!

AH... NOUS Y VOILÀ...

LE BLANC, BIEN SÛR, MAIS C'EST...

... LE CAPITAINE STEENE...

LE BLANC DE L'UNIFORME COLONIALISTE... LE **BLANC** DE RACE BLANCHE PERDU EN PAYS **JAUNE**...

ET MOI, DANS TOUT ÇA ?...

Franz le Gall

VOUS ?!? VOUS, THÉODORE ?!? MAIS AU JEU DE DAMES, IL N'Y A QUE LE NOIR ET LE BLANC... RIEN DE PLUS...! VOUS, VOUS ÊTES UN INTRUS...

ATTENDEZ, THÉODORE!

VOTRE VIE M'APPARAÎT CLAIREMENT... MON DIEU! QUELLE VIE! UNE LONGUE SUITE DE MALHEURS, D'AVENTURES, UNE ÉTRANGE ET DOULOUREUSE EXISTENCE...

VOUS... VOUS DÉLIREZ!!!

JE DÉLIRE...UN BOUCHON PERDU DANS L'OCÉAN, POUSSÉ PAR LA BRISE, BATTU PAR LES TEMPÊTES!!

TU SERAS MÊLÉ AUX GRANDS ÉVÈNEMENTS DE CE MONDE... ENTRAÎNÉ DANS LE TOURBILLON DES RÉVOLUTIONS, DES GUERRES DES GRANDES DÉCOUVERTES ET DES ÉPIDÉMIES...

TAISEZ-VOUS!!

HA HA HA HA HA HA

TAISEZ-VOUS!

LIC CLAC

HA HA HA HA HA HA HA HA HA HA

ÇA NE PEUT ÊTRE VRAI! SI TEL ÉTAIT LE CAS... MONSIEUR NOVEMBRE... VOUS SERIEZ...

MAIS JE **SUIS** LE DESTIN, THÉODORE....JE SUIS **TON** DESTIN...

?

HÉ!

MONSIEUR! ÇA NE VA PAS?!

19

O SATAN, PRENDS PITIÉ DE MA LONGUE MISÈRE !..

ENTENDS LE VENT, IL M'APPREND QU'UN JEUNE HOMME EST À TA RECHERCHE, CAPITAINE...

QUELLE CHALEUR ÉTOUFFANTE...

VOICI LA FORÊT...

©CHARLES BAUDELAIRE.

"O SATAN, PRENDS PITIÉ DE MA LONGUE MISÈRE ..."

SON COEUR EST PUR, SON REGARD CLAIR... IL APPROCHE, CAPITAINE...

"O SATAN, PRENDS PITIÉ DE MA LONGUE MISÈRE !".

PAR LUI, LA VÉRITÉ ÉCLATE : LES SERPENTS PÉRISSENT. IL Y A UNE OMBRE QUI LE SUIT PAS À PAS...IL ARRIVE, CAPITAINE...

"O SATAN, PRENDS PITIÉ DE MA LONGUE MISÈRE..."

?!

COMMENT VOUS SENTEZ-VOUS, MONSIEUR POUSSIN ?

20

EUH...

VOUS AVEZ ÉTÉ VICTIME DE CES PLUIES MALSAINES, ELLES APPORTENT LA FIÈVRE... ÇA VA MIEUX, MAINTENANT, NON ?

OUI... ÇA VA MIEUX...

LE DOCTEUR A VEILLÉ SUR VOUS NUIT ET JOUR !

OÙ SOMMES-NOUS ?

À HAÏPHONG. NOUS SOMMES LE PREMIER MARS...

OH ! J'AI UNE NOUVELLE STUPÉFIANTE À VOUS APPRENDRE !

CAPITAINE !! VOUS POURRIEZ ATTENDRE QUE MONSIEUR POUSSIN SOIT TOUT À FAIT RÉTABLI !

NON, NON, LAISSEZ-LE PARLER... QUE SE PASSE-T-IL ?

UNE CHOSE PARFAITEMENT INCROYABLE ! CE...NOVEMBRE... VOUS SAVEZ ? CE PASSAGER CLANDESTIN...

EH BIEN, IL A DISPARU, CORPS ET BIENS ! PLUS UNE TRACE ! C'EST COMME S'IL N'AVAIT JAMAIS EXISTÉ ! ON A FOUILLÉ TOUT LE NAVIRE : RIEN ! VOLATILISÉ !

CETTE ARMÉE DE CAMELOTS A VOULU SE PRÉCIPITER À BORD, COMMANDANT. JE LEUR AI FAIT INTERDIRE L'ACCÈS DU PAQUEBOT.

VOUS AVEZ BIEN FAIT, LIEUTENANT...

Ç'AURAIT ÉTÉ L'ENVAHISSEMENT TOTAL !... TIENS ! RAVI DE VOUS VOIR SUR LE PONT, MONSIEUR POUSSIN ! VOUS ÊTES RÉTABLI, À CE QUE JE VOIS ?

BIEN SÛR, DU MOMENT QUE LE JEU EST TRUQUÉ...

21

JE ME SENS ENCORE UN PEU FAIBLE, MAIS ÇA VA...

IL LUI FAUDRAIT DU REPOS...

EH BIEN, MAIS NOUS NOUS PRÉPARONS À PRENDRE CENT TONNES DE RIZ ET DE MAÏS EN CABOTAGE POUR SAÏGON... JE NE PENSE PAS QUE VOTRE PRÉSENCE À BORD SOIT ABSOLUMENT NÉCESSAIRE...

VOUS POURRIEZ PASSER VOTRE CONVALESCENCE ICI... VOUS NOUS REJOINDRIEZ À SAÏGON D'ICI UNE DIZAINE DE JOURS, PAR LE TRAIN... QU'EN PENSEZ-VOUS ?

J'EN SERAIS RAVI, COMMANDANT MERCI !!

QU'ALLEZ-VOUS FAIRE, PENDANT CES QUELQUES JOURS ? RIEN D'ÉPUISANT, N'EST-CE PAS ?

JE VAIS LES METTRE À PROFIT POUR CHERCHER LA TOMBE DE MON ONCLE.

NOUS AVONS CROISÉ UN CHALUTIER ANGLAIS, AU LARGE DE SINGAPOUR... LE CAPITAINE NOUS A APPRIS, PAR RADIO, QUE LES TROUBLES AURAIENT REPRIS, EN CHINE...

LES TROUBLES ? QUELS TROUBLES ?...

VOUS N'ÊTES PAS AU COURANT ? DEPUIS LA MORT DE YUAN-CHE-K'AÏ, LE PRÉSIDENT, C'EST L'ANARCHIE, LÀ-BAS...

VOUS VERREZ, HAÏPHONG EST UNE VILLE AGRÉABLE... JE PARLE DU QUARTIER EUROPÉEN, BIEN ENTENDU...

JE N'EN DOUTE PAS...

CAPITAINE... COMMENT DITES-VOUS?

STEENE, CHARLES STEENE.

NOUS N'AVONS PERSONNE DE CE NOM-LÀ... IL S'ÉTAIT FIXÉ À HAÏPHONG?...

IL Y A VÉCU... IL ÉTAIT PILOTE, ICI...

NON, JE N'EN VOIS PAS TRACE... NON... ON VOUS A DIT QU'IL ÉTAIT INHUMÉ ICI?...

NON, JE N'EN SAIS RIEN... ON A REÇU UN TÉLÉGRAMME UN JOUR, ENVOYÉ PAR LE BUREAU DE LA MARINE...

IL Y A UN AUTRE CIMETIÈRE EUROPÉEN, À HAÏPHONG...

JE SAIS, JE L'AI DÉJÀ VISITÉ...

AH... DANS CE CAS, VOYEZ LES CIMETIÈRES INDIGÈNES... ON Y A PEUT-ÊTRE ENTERRÉ VOTRE ONCLE PAR ERREUR...

MOI, PERSONNELLEMENT, J'AIMERAIS ÊTRE ENTERRÉ À CÔTÉ DE SARAH BERNHARDT...

CAPITAINE STEENE? PAS CAPITAINE STEENE, ICI. SEULEMENT ANNAMITES, MONSIEUR...

ET POURTANT, LES BUREAUX DE L'ÉTAT CIVIL PERDENT SA TRACE EN 16...

"UN HOMME COMME LE CAPITAINE STEENE NE MEURT PAS..."

Frank Le Gall

23

Y'IL... IL Y A QUELQU'UN ?

FIAAHH!!

EXCUSEZ-MOI, VOUS M'AVEZ FAIT PEUR...

VOUS DEVRIEZ VISITER LA FUMERIE OFFICIELLE D'HAÏPHONG, THÉODORE...

POUM POUM POUM POUM POUM POUM POUM

POUM POUM POUM POUM

D'ABORD PARCE QUE C'EST UN ENDROIT TRÈS PITTORESQUE, AVEC SON IMMENSE SALLE DE JEU, ET SURTOUT PARCE QUE VOUS POURRIEZ Y APPRENDRE DES CHOSES... RELATIVES PEUT-ÊTRE AU CAPITAINE STEENE...

MONSIEUR NOVEMBRE !

? ? ?

? ? ?

MOI YUAN-CHOE... MOI VIEIL ANNAMITE... PAS MÉCHANT...

...PAS MÉCHANT...

DEPUIS QUAND UN JEU DE CARTES COMPORTE-T-IL CINQ AS, MONSIEUR LE CONSUL ?

DEPUIS QUE JE TRICHE, M. LE GOUVERNEUR GÉNÉRAL. JE SUIS DÉSOLÉ, VOUS AVEZ PERDU...

BANCO!

RIEN NE VA PLUS!

LES JEUX SONT FAITS!

MESSIEURS...

MONSIEUR CHERCHE QUELQU'UN ?

OUI, MAIS FIGUREZ-VOUS QUE JE NE SAIS PAS QUI...

SAINT-PAUL, PEUT-ÊTRE ?

JE SUPPOSE QUE C'EST UNE TENTATIVE D'HUMOUR ?

JE N'AI PAS LE DROIT !... NON... MONSIEUR SAINT-PAUL, CONSUL DE LANESSAN...

À QUI AI-JE L'HONNEUR ?...

THÉODORE POUSSIN, DE DUNKERQUE.

ENCHANTÉ. JE SUPPOSE QUE VOUS VENEZ ME PARLER DU CAPITAINE STEENE.

VOUS AVEZ VU ÇA DANS UNE BOULE DE CRISTAL ?...

ALLONS ! ICI, TOUT SE SAIT ! VOILÀ UNE SEMAINE QUE VOUS PARCOUREZ HAÏPHONG EN TOUS SENS, EN POSANT PARTOUT DES QUESTIONS RELATIVES À STEENE. COMMENT POURRAIS-JE L'IGNORER ?

EH BIEN DANS CE CAS, PARLONS DE STEENE...

ÇA, J'EN SERAIS BIEN INCAPABLE ! JE FRÉQUENTE LES JOUEURS ET LES FUMEURS D'OPIUM VOYEZ-VOUS BIEN, MAIS PAS LES GENS DE LA RACE DE STEENE...

Frank le Gall

MAIS COSSINE VOUS RENSEIGNERA CERTAINEMENT MIEUX...

27

COSSINE EST CE QU'ON APPELLE UNE "MÉTISSE ÉVOLUÉE"... CERTAINS PRÉTENDENT QU'ELLE A ÉTÉ MARIÉE À STEENE. ELLE DEMEURE SUR LA FRONTIÈRE CHINOISE, À QUELQUE CENT KILOMÈTRES D'ICI. ELLE VOUS ATTEND.

COMMENT LE POURRAIT-ELLE ? IL Y A ENCORE UNE MINUTE, J'IGNORAIS...

ATTENDEZ ! FERNANDO VA NOUS ACCOMPAGNER !

FERNANDO DIAZ CUENCA EST ATTACHÉ À L'AMBASSADE D'ESPAGNE, À SAÏGON.

"ATTACHÉ" EST LA JUSTE MOT ! UN JOUR, J'AVAIS ENVOYÉ MA DÉMISSION... ON NE M'A JAMAIS RÉPONDU...

TEQUILA, POR FAVOR !

PAS DE TEQUILA SEÑOR CUENCA... WHISKEY.

FERNANDO POSSÈDE UNE AUTOMOBILE... IL NOUS CONDUIRA.

VRAIMENT, JE NE SAIS...

SI ! ABSOLUMENTE NECESSARIO !

FERNANDO A RAISON ! IL EST... "ABSOLUMENTE NECESSARIO" QUE VOUS VOYIEZ COSSINE !!

AU SUJET DE STEENE... ON RACONTE QU'UN JOUR, AYANT ENTENDU PARLER DES ORANGS-OUTANS DE BORNEO, IL DÉCIDA D'EN FAIRE UNE ARMÉE PUISSANTE...

ET ALORS ? ...

ALORS ? IL N'A JAMAIS PU LEUR FAIRE ENDOSSER UN UNIFORME, JE CROIS.

Franz (Gall)

26

CETTE HISTOIRE EST ARCHI-FAUSSE, SEÑOR CONSULE !

QU'EST-CE QUE ÇA FAIT ? STEENE SOUFFRAIT D'UNE SORTE DE CANCER ROMANTIQUE... CETTE HISTOIRE LUI AURAIT PLU...

CETTE SATANÉE MOUSSON... LES ORAGES SONT FRÉQUENTS VIOLENTS...VOYEZ-VOUS, MONSIEUR POUSSIN, ON ÉVOLUE ICI DANS UNE ATMOSPHÈRE SPONGIEUSE ET TIÈDE DU CARACTÈRE LE PLUS DÉSAGRÉABLE QUI SOIT !...

JE ME SOUVIENS QU'À CETTE ÉPOQUE, CONCEPTA L'APPELAIT... COMMENT L'APPELAIT-ELLE, DÉJA ?

CONCEPTA!!

FERNANDO A PRIS L'HABITUDE, RIDICULE, D'APPELER COSSINE "CONCEPTA" !

QUESTION DE MA SURVIVANCE !

J'ADOPTE LE SEUL MOYEN D'EN SORTIR. POUR MOI, J'ENTENDS MOURIR EN PAIX, AMIGOS... À MON AISE ...

?!? VOUS ÊTES IVRE, SEÑOR FERNANDO...OU ALORS VOUS ÊTES FOU !

OU LES DEUX À LA FOIS.

J'AI L'IMPRESSION D'AVOIR DORMI UN MILLIER D'HEURES..

Frank le Gall

29

ENTREZ, MONSIEUR POUSSIN...

VOUS "LUI" RESSEMBLEZ UN PEU...

C'EST ÉTRANGE, MADAME...JE VOUS AI DÉJÀ VUE... EN RÊVE !

"MADAME"!

ICI, ON M'APPELLE "COSSINE"...

PUIS-JE DISPOSER..."MADAME COSSINE"?...

NON. RESTEZ, SAINT-PAUL. ASSEYEZ-VOUS. LE THÉ VA NOUS ÊTRE SERVI...

JE VOUS ATTENDAIS. JE SAVAIS QUE JE DEVAIS VOUS VOIR. DEPUIS TROIS JOURS, JE REVIENS ICI CHAQUE SOIR ET JE VOUS ATTENDS...ET VOUS VOICI ENFIN !

?!

JE....

J'AURAIS PU REPARTIR SANS VOUS AVOIR VUE, MADAME...C'EST MONSIEUR SAINT-PAUL... MONSIEUR LE CONSUL...JE... JE M'APPELLE...

JE SAIS QUI VOUS ÊTES...

C'ÉTAIT NOTRE SALON, ICI!... IL AVAIT COUTUME DE S'ASSEOIR LÀ OÙ VOUS ÊTES...

AH! VOICI LE THÉ.... ET CES FLEURS QUI VOUS SONT REMISES SELON LA COUTUME...

L'UNE D'ELLES EST DESTINÉE AU CAPITAINE STEENE...

Frank Le Gall

30

J'AI CONNU LE CAPITAINE STEENE À CHANG-HAÏ, EN 1916. À CETTE ÉPOQUE, C'ÉTAIT LA GUERRE, EN EUROPE, ET, ICI, L'ANARCHIE, APRÈS LA MORT DE YUAN-CHE-K'AI...

SON NAVIRE ÉTAIT BLOQUÉ DANS LA RADE DE CHANG-HAÏ...RÉQUISITIONNÉ PAR LES AUTORITÉS PROVISOIRES..ET LUI AVEC.

MAIS IL NE VOULAIT PAS... IL S'ÉTAIT MIS DANS LA TÊTE DE PARTIR POUR LES HAWAII SUR UNE JONQUE À MOITIÉ POURRIE QUE L'ARMÉE AVAIT ABANDONNÉE...

IL VOULAIT M'EMMENER, FAIRE DE MOI UNE REINE.... J'AURAIS RÉGNÉ SUR TOUT... NOUS ÉTIONS DES ENFANTS. LA VIE NOUS SEMBLAIT FOLLE...

ET PUIS, J'AI REFUSÉ. DANS UN PREMIER TEMPS, IL EUT BIEN ENVIE DE RESTER....IL N'ÉTAIT PLUS TRÈS SÛR D'AVOIR RAISON, MAIS IL ÉTAIT SI ORGUEILLEUX...

UN JOUR, IL EST PARTI... SEUL, BIEN ENTENDU. IL A ÉTÉ ENLEVÉ EN COURS DE ROUTE PAR UNE TROUPE DE REBELLES CHINOIS. ILS COMPTAIENT SANS DOUTE DEMANDER UNE RANÇON AU CONSULAT...

Frank le Gall

ON A RETROUVÉ PLUS TARD LES RESTES DE SA JONQUE. POURRIE COMME ELLE L'ÉTAIT, IL N'AURAIT MÊME PAS PU ATTEINDRE SINGAPOUR...

29

VOILÀ TOUTE L'HISTOIRE DU CAPITAINE STEENE, MONSIEUR POUSSIN...

JE CROIS QUE VOUS EN OUBLIEZ, SAINT-PAUL....

LE RESTE APPARTIENT A LA LÉGENDE, VOUS LE SAVEZ BIEN...

QUI SAIT ? DES SOLDATS ANGLAIS AFFIRMENT AVOIR VU LE CAPITAINE STEENE TRÔNER SUR SON PEUPLE DE PARIAS...

DES FABLES !! COMMENT AURAIT-IL PU AMADOUER CES SAUVAGES ?!

MYSTÈRE ! IL VIVRAIT DE TUER LES ENNEMIS D'UNE DYNASTIE DISPARUE, DE FUMER DE L'OPIUM ET DE TRADUIRE LES "FLEURS DU MAL" EN CHINOIS...

SORNETTES ! PERSONNE N'A VU CHARLES STEENE VIVANT !

PERSONNE NE L'A VU MORT, MONSIEUR LE CONSUL !!

HUM HUM...

TOUT À L'HEURE, JE VOUS AI VUS ARRIVER... IL Y AVAIT DERRIÈRE VOUS UNE OMBRE NOIRE QUI SEMBLAIT COLLÉE À VOS PAS...

CETTE OMBRE, MADAME C'EST MON DESTIN...

LE VENT NE MENTAIT PAS. VOUS ÊTES L'ANGE DE VÉRITÉ. JE SAVAIS QUE PAR VOUS DEVAIT ARRIVER LA CONCLUSION DE MON ÉTRANGE HISTOIRE...

?!!

DOUZE ANS PLUS TARD ?! DITES-DONC, C'EST UNE HISTOIRE QUI NE SE CONCLUT PAS VITE...

N'EST-CE PAS, SAINT-PAUL ? QUE PENSEZ-VOUS DE L'HOMME QUI, SANS NUL DOUTE, A VENDU STEENE AUX REBELLES CHINOIS ?

JE...CE QUE J'EN PENSE ?... DIABLE... ET SI CET HOMME AVAIT FAIT CELA PAR AMOUR POUR VOUS, COSSINE ?

ET SI, MON AMOUR POUR STEENE VOUS ÉTOUFFAIT DOUZE ANS APRÈS ?!

ET MAINTENANT, MONSIEUR NOVEMBRE ?

CES FLEURS...PEUT-ÊTRE QUE LE PARFUM DE CELLE QUI VOUS EST DESTINÉE ESSAIE DE SE FRAYER UN CHEMIN JUSQU'À VOUS, CAPITAINE STEENE...

Franc Le Gall

PAW PAW

?! QUE SE PASSE-T-IL ?!

PAW

DES PILLARDS !

COSSINE ! COSSINE !!

PILLARDS... SOLDATS CHINOIS MUTILÉS QU'ON A LICENCIÉS SANS AUTRE FORME DE PROCÈS. ILS SE REGROUPENT ENTRE EUX POUR SURVIVRE...

IL FAUT FUIR !!! QUEL MOYEN... ?

FUYEZ PAR LES CUISINES, DERRIÈRE, THÉODORE... MOI, JE DOIS ATTENDRE MA MORT ICI...

BOM BOM

ÉCOUTEZ ! ILS VIENNENT À BOUT DE LA PORTE ! ÉCOUTEZ-LES !... SAINT-PAUL !

IL DOIT ÉGALEMENT DEMEURER ICI. SI NOUS NE SAVONS PAS POURQUOI, LUI ! LE SAIT

MAIS VOUS ?! DE QUOI DONC ÊTES-VOUS COUPABLE, COSSINE ?!...

KRAK!

POR FAVOR ! DÉPÊCHEZ-VOUS !! VITE!

FERNANDO!

PLUS DE BAGAGES... PRESQUE. PLUS D'ARGENT...

ON EST JUSTE AU BORD DE LA GUERILLA, ICI... C'EST COMME ÇA DEPUIS LA MORT DU PRÉSIDENTE...

IL N'Y A QU'UNE SEULE SOLUTION POUR REJOINDRE SAÏGON...

Frank le Gall

LE TRAIN!

COMPARTIMENT "SANS BILLETS"...

NOUS NE SOMMES PAS LES SEULS, ON DIRAIT...

FFFiiiiiUUU

MON DÍEU! C'EST...

IL N'Y A RIEN À FAIRE THÉODORE! C'EST LUI OU VOUS!?

TERRES INONDÉES... TERRIBLE MOUSSON... ICI, LES GENS SONT TRÈS PAUVRES, NO ?

LE TRAIN NE S'ARRÊTERA DONC PAS ?.

LE TRAIN EST UNE MACHINE, SEÑOR... LES MACHINES SONT INSENSIBLES À LA DÉTRESSE HUMAINE...

ET SURTOUT RESPECTUEUSES DE L'HORAIRE...

LE CONSULE SAINT-PAUL, IL ÉTAIT L'AMOUREUX DE CONCEPTA, SAVEZ-VOUS...

VOUS VOULEZ DIRE COSSINE ?

POR DIOS ! TOUT LE MONDE LE SAVAIT AUSSI BIEN QUE JE C'ÉTAIT SON AMOUREUX ! MAIS COSSINE N'ÉTAIT PAS SON AMANTE...

FERNANDO !

À PLAT-VENTRE, FERNANDO ! ON NOUS TIRE DESSUS !!

COMME AU JEU DES PIPES, À LA FÊTE FORAINE !... PAN ! HOP ! HOP ! VOUS SAISISSEZ ?

ET STEENE, DANS TOUT ÇA ?

34 Frank le Gall

36

STEENE, LE PAUVRE GARÇON... IL ÉTAIT AUSSI BIEN L'AMOUREUX DE CONCEPTA... ET CONCEPTA ÉTAIT AUSSI SON AMOUREUSE, NO ?...

PAW
PAW
PAW

ON NE SAURA JAMAIS SI SAINT-PAUL A VENDU LE CAPITAN STEENE AUX GUÉRILLEROS CHINOISES PAR SA JALOUSIE...

COSSINE DISAIT QUE OUI...

ON NE SAURA JAMAIS! ILS ONT EMPORTÉ CE SECRET-LÀ DANS LEUR TOMBE, NO ?

BAOUM!

PPSSSHHHHHHHH

POURQUOI S'ARRÊTE-T-ON ? LA FRONTIÈRE ?

LA FRONTIÈRE, SI !! MAIS BLOQUÉE !!

LES CABALLEROS DE YUAN-CHE-K'AI !

ÇA TOURNE AU VINAIGRE ! FILONS !

Franz Le Gall

COUREZ, FERNANDO! NE VOUS RETOURNEZ PAS !!

① ON S'ENTRETUE AU NOM DU COMMUNISME AUSSI BIEN QUE POUR L'IMPÉRIALISME... POR DIOS... QUEL BAIN DE SANG !

COUREZ, FERNANDO, COUREZ !!

FERNANDO! BON DIEU! AIDEZ-MOI !!

③ INUTILE... "CELUI QUI VEUT SAUVER SA VIE, ... IL PERDRA..." JÉSUS CHRISTO... FUYEZ !!

② PAW! OWIN!

FER-NANDO

④

GAGNEZ... LANG-KIANG... C'EST...C'EST UN PETIT PORT CHINOISE...

⑤ Ziiiii

PAW PAW

⑥ ADIEU, FERNANDO!

ADIOS, ANGE DE VÉRITÉ...

36

LANG-KIANG.

Franz le Gall

38

PAS UN SEUL NAVIRE EUROPÉEN...

COINCÉ!

PPPSSSSSTTT!

OUI.... QUI EST LÀ ?!

DU CALME, MOUSSAILLON... ÇA N'EST QUE LE VIEUX WILLY...

T'ES BIEN DU "CAP PADARAN" HEIN ?! PTOUI !!

EUH... OUI, C'EST EXACT...

EH BIEN, TE V'LÀ ORPHELIN: IL A COULÉ, LE "CAP PADARAN", ET L'ÉQUIPAGE JETÉ EN PRISON...

OUAIS... ILS ALLAIENT VERS SAÏGON. ÇA S'EST PASSÉ AU LARGE D'HAÏ-NAN,... JE TIENS L'HISTOIRE D'UN PRÊTRE IRLANDAIS D'HAÏ-K'ÉON. DE SES YEUX, QU'IL L'A VU, MOUSSAILLON !...

CE N'EST PAS POSSIBLE !!

JE VEUX, QUE C'EST POSSIBLE !... "CAP PADARAN".

COULÉ !!

GRANDIEU, QU'IL S'APPELAIT, LE COMMANDANT... PAS VRAI ?

C'EST EXACT... MON DIEU !!

Frank Le Gall

39

TE FAIS PAS DE MOUSSE, FISTON...MOI, J'AI UNE IDÉE... POUR ÇA, ON EST TOUJOURS TRANQUILLE, AVEC WILLY...

ÉCOUTE VOIR... À L'AUBE, IL Y A UN RAFIOT QUI APPAREILLE POUR SINGAPOUR... OUAIS, PARCE QUE C'EST PAS UTILE DE TE DIRE QU'IL FAUT DÉGUERPIR D'ICI AU PLUS VITE, HEIN ?...

ÇA VA BARDER, POUR LES BLANCS, ICI...OUAIS...

ET...ET UNE FOIS À SINGAPOUR ?

EH BIEN, À SINGAPOUR, C'EST BIEN LE DIABLE SI TU TROUVES PAS DE QUOI TE RAPATRIER... C'EST CALME, SINGAPOUR...

ÉCOUTE, FISTON, Y'A RIEN D'AUTRE À FAIRE !...TU PEUX PLUS RIEN POUR LES AUTRES !... FAUT QUE TU SAUVES TA PEAU !!

ET VOUS ? VOUS RESTEZ ?

SÛR, QUE JE RESTE !...TU SAIS, ÇA FAIT UN BAIL QUE JE TRAÎNE MES GALOCHES PAR ICI, ET QUE JE RÉPÈTE CHAQUE JOUR QUE JE VAIS RENTRER CHEZ MOI, À PARIS...MAIS, TU VOIS, APRÈS TOUT CE TEMPS, J'AI UN PEU PEUR DE PLUS RIEN RECONNAÎTRE, LÀ-BAS...

TANDIS QU'ICI, ON ME CONNAÎT, ON M'AIME BIEN,...ON M'APPELLE LE "VIEUX WILLY"!... JE VEUX MOURIR EN CHINE EN RÊVANT DE PARIS...

OÙ SE TROUVE-T-IL, CE RAFIOT ?

PAR LÀ... J'AI REMARQUÉ QU'IL ALLAIT PRENDRE LE LARGE À L'AUBE...TU T'EMBARQUES DISCRÈTEMENT ET, UNE FOIS EN MER, TU SORS DE TA PLANQUE : COUCOU !

Frank Le Gall

T'AS UN PEU D'ARGENT, NON ?... EH BIEN, JE CROIS QU'IL N'Y A PAS À HÉSITER...

TU VIENS, MOUSSAILLON ?

38

T'ENTENDS ? LES COMBATS ONT CESSÉ. ON ENTEND BIEN ENCORE QUELQUES COUPS DE FEU, MAIS DANS L'ENSEMBLE, ÇA RESTERA CALME JUSQU'À L'AUBE...

QUOI ?! C'EST ÇA, LE BATEAU EN QUESTION ?!! CE CERCUEIL FLOTTANT ?

DER GEK

AH OUAIS, BEN JE T'AVAIS PAS PARLÉ D'UN PAQUEBOT, HEIN !

MAIS AU PRIX OÙ TU PAYES LA PLACE... ALLEZ, GRIMPE LÀ-DEDANS, GROUILLE-TOI !!!

ATTENDEZ... JE NE SAIS PAS...

T'INQUIÈTE ! ILS SONT TOUS OCCUPÉS À BOIRE DU CHOUM-CHOUM, MAIS ILS VONT PAS TARDER À RAPPLIQUER... INSTALLE-TOI AU FOND DE LA CALE ET BOUGE PLUS...

Frank le Gall

39

VA ! VA !...

41

CHANG ! CHANG ! DU SCHLÄFST NOCH, DU SCHWEIN *HIIRS!*... HUND !!!

GIBT MIR DAS !!!

ÇA S'ACTIVE, LÀ-HAUT... ON DONNE DES ORDRES... ÇA Y EST, JE CROIS BIEN QU'ON BOUGE !...

OUI...ON QUITTE LE QUAI... BON DIEU ! DANS QUELLE GALÈRE T'ES-TU FOURRÉ, THÉODORE ?...

POURQUOI, MAIS POURQUOI AS-TU ÉCOUTÉ CE VIEIL IVROGNE ?!! OH... LE QUAI EST DÉJÀ BIEN LOIN, À PRÉSENT !!

MAIS...! MAIS! OH !

DER GEIST

Frantz le Gall

42

43

CHANG! CHANG!

QU'EST-CE QU'IL Y A ?

KOMM HIER ! LA JONQUE EST LÀ !

DES TRAFIQUANTS D'ARMES !! ÇA N'EST SÛREMENT PAS LE MOMENT DE MONTRER MON NEZ !!

MES HOMMAGES, HERR KAPITÄN !

"O TOI, LE PLUS SAVANT ET LE PLUS BEAU DES ANGES, DIEU TRAHI PAR LE SORT ET PRIVÉ DE LOUANGES ..."

?!!

NOUS AVONS LES ARMES... MATÉRIEL ALLEMAND, TRÈS BONNE QUALITÉ ! AVEZ-VOUS... L'ARGENT ?

"O SATAN, PRENDS PITIÉ DE MA LONGUE MISÈRE ..." NOUS AVONS L'ARGENT.

GANZ GUT !! ALORS AGISSONS VITE ! CHANG, VA CHERCHER LA CAISSE... 25 FUSILS, HERR KAPITÄN... ET J'AI AUSSI VOS LIVRES "TALES OF THE GROTESQUE AND ARABESQUE"... JE NE L'AI TROUVÉ QU'EN ANGLAIS...

TRÈS BIEN, AU CONTRAIRE...

"O SATAN, PRENDS PITIÉ DE MA LONGUE MISÈRE ..." "O SATAN, PRENDS PIT ..."

CHARLES BAUDELAIRE !

Frank le Gall

44

LE CAPITAINE STEENE !

CRR
GRRR
GRRR

HERR KAPITÄN... C'EST UN PLAISIR DE TRAITER AVEC VOUS !...

CAPITAINE STOPH ! SONGEZ À MALLARMÉ ! SONGEZ À " L'APRÈS-MIDI D'UN FAUNE " !

JE N'Y MANQUERAI PAS, HERR KAPITÄN... JE FILE SUR SINGAPOUR... AUF WIEDERSEHEN !.. À BIENTÔT !

Frank le Gall

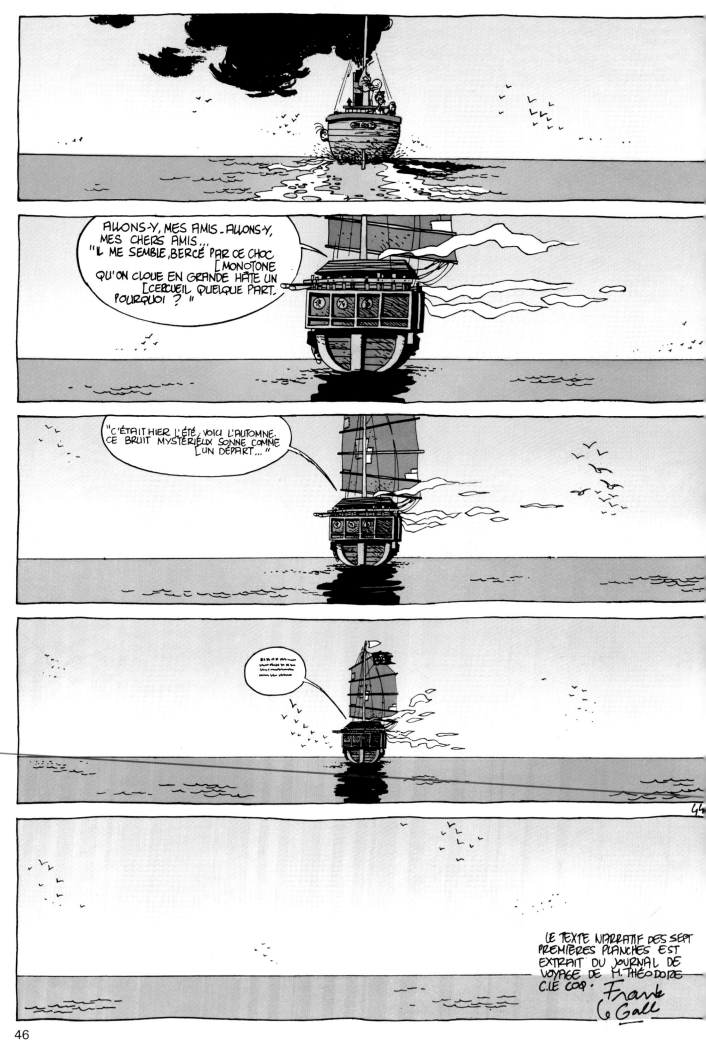

Dépôt légal : novembre 1992 — D.1990/0089/47
ISBN 2-8001-1734-6 — ISSN 0773-4794